Avant d'être un caravansérail, Paris était une ville qui avait ses rues et ses maisons historiques, ses boulevarts où l'on parlait le français, ses habitants qui étaient des Parisiens. — A cette époque les chemins de fer commençaient et le gaz venait d'apparaître. — Sur l'asphalte qui débutait aussi, on fumait peu, on parlait beaucoup de tout et du nouveau; on se saturait d'idées de projets de théories. — En ce temps là toutes les questions ont été touchées, tous les systèmes produits et définis, tous les problèmes retournés. — Pour la jeunesse de ce Paris, la vie était un début; l'or une chimère, la pensée une habitude, la bataille un penchant, l'émeute une distraction. — Le résultat de ces discussions perpétuelles et de cette fièvre de luttes fut que dans les lettres, les sciences, les arts, on peut chercher, il faut remonter aux beaux temps des peuples les plus favorisés, pour trouver l'équivalent de la pléiade brillante que nous devons à Paris bonne ville. — Étincelant foyer qui éclairait la France et dont la lumière était si vive que le monde enviait les Français. — Mais le monde était abusé, l'excellente ville suffisait

à cela, elle seule illuminait. — Alentour, la nation
restait arriérée, admirant l'accapareuse qui lui prenait
sa substance et distillait entre ses mains sa fleur et son
génie. — Aujourd'hui tout est changé... le vieux Paris
n'existe plus, il a fallu tout agrandir et le flot menacé de
déborder — C'est que la place ne sera jamais trop vaste
pour le nouveau plan qui se dessine. Marché colossal—
gigantesque chantier, fournissant des salaires à tous les bras
à toutes les intelligences... Pépinière de savants et de maî-
tres toujours prêts à porter jusqu'aux confins du territoire
leurs leçons et leur exemple... s'occupant à la fois des grandes provinces et du dernier hameau! Distribuant partout
le progrès, la richesse, les secours, le bien-être et l'éducation
Sans capitale est dans le vrai... Sa position exception-
elle entre l'ancien continent et les amériques, doit se faire
le rendez-vous et le bazar de l'univers civilisé. C'est vers
ce but qu'il s'achemine... L'atteindra-t-il? Sans aucun
doute, s'il marche avec toutes les forces du pays, car s'il
suffit d'une belle situation pour attirer la foule, lors-
qu'il s'agit de retenir et de fixer les gens de goût, il faut
d'autres séductions que la géographie. Ces séductions œuvres de
l'esprit et de la main pour la plupart, la France les possède.
Paris les centralise, et cette année il y joint l'art et l'industrie
du monde entier en annonçant qu'il reçoit! C'est de quelques
détails de cette fête
que je prends note
en l'an de
grâce 1867

Le salon et le vestibule de l'Empereur, au champ de Mars.   Paris en 1867 — A. Martial

PARIS EN 1867 — EXPOSITION DE L'ŒUVRE D'INGRES

a Monsieur Demay

Il faut aller a l'exposition des tableaux de M. Ingres
Vous y trouverez le souvenir d'un homme qui avait l'a-
mour et la passion de son art, et les travaux de sa vie
consacrée toute entière a la poursuite d'un seul but — la
haute expression ! — Sans doute vous remarquerez là — un
Jupiter, et quelques morceaux qui sont gais, mais en sou-
riant vous réfléchirez que cela prouve une chose assez simple
c'est qu'avant d'être maître on est élève ; — Raphael lui-mê-
me a passé par-là. — J'appelle votre attention sur des
toiles bien connues, le St Symphorien ; le vœu de Louis XIII, les
chapelles Sixtine, l'odalisque assise ; c'est simplement beau, soyez
tranquille, cela vous frappera : — bon nombre d'essais et de dessins, la
vierge a l'hostie, la source, dernière conception de ce grand ar-
tiste qui déja s'était surpassé dans une œuvre personnelle,
inimitable, a laquelle toutes ces études devaient le conduire ; —
le portrait de M. Bertin ainé ; — vous le verrez ; il n'a pas d'équivalent dans la peinture moderne, il en a peu parmi les
chefs-d'œuvre anciens.

Martial

EXPOSITION UNIVERSELLE

PARIS EN 1867 _ EXPOSITION UNIVERSELLE

a Madame h.

Je voulais vous donner une idée complète de l'exposition, mais les crayons sont pro-
hibés dans l'enceinte du champ de mars et pour peu que l'on prenne ostensiblement une note
on est obligé de répondre a un interrogatoire complet; _ si l'on persistait, on risquerait d'être expulsé.
Vous voyez que tout n'est pas crème dans la tâche d'être agréable a son prochain. _ Je vous adresse donc seulement un souvenir, du côté pittoresque et vivant des exhibitions; laissant a ceux qui
ont pu l'acheter, le privilège de reproduire exactement les machines, la chaudronnerie et toutes les choses _
qui nous sont interdites.

EXPOSITION ANGLAISE

A l'exposition universelle
vous pouvez juger la peinture et la sculpture de —
l'Angleterre, son remarquable avancement dans les arts
appliqués a l'industrie ; — sa
bijouterie exquise ; — ses armes
ses voitures, ses machines —
qui sont des bijoux. — Mais si
vous voulez connaître la nation Anglaise et le secret de
sa fortune, ce n'est pas là qu'il faut aller. — Ce n'est pas non plus à Londres,
ni dans l'Inde, ni sur
les mers — ou quinze
navires sur vingt que
l'on rencontre — hissent le
pavillon Anglais ! —

40,000 K?

ENGLISH NEWSPAPER ENGLISH

THE TIMES

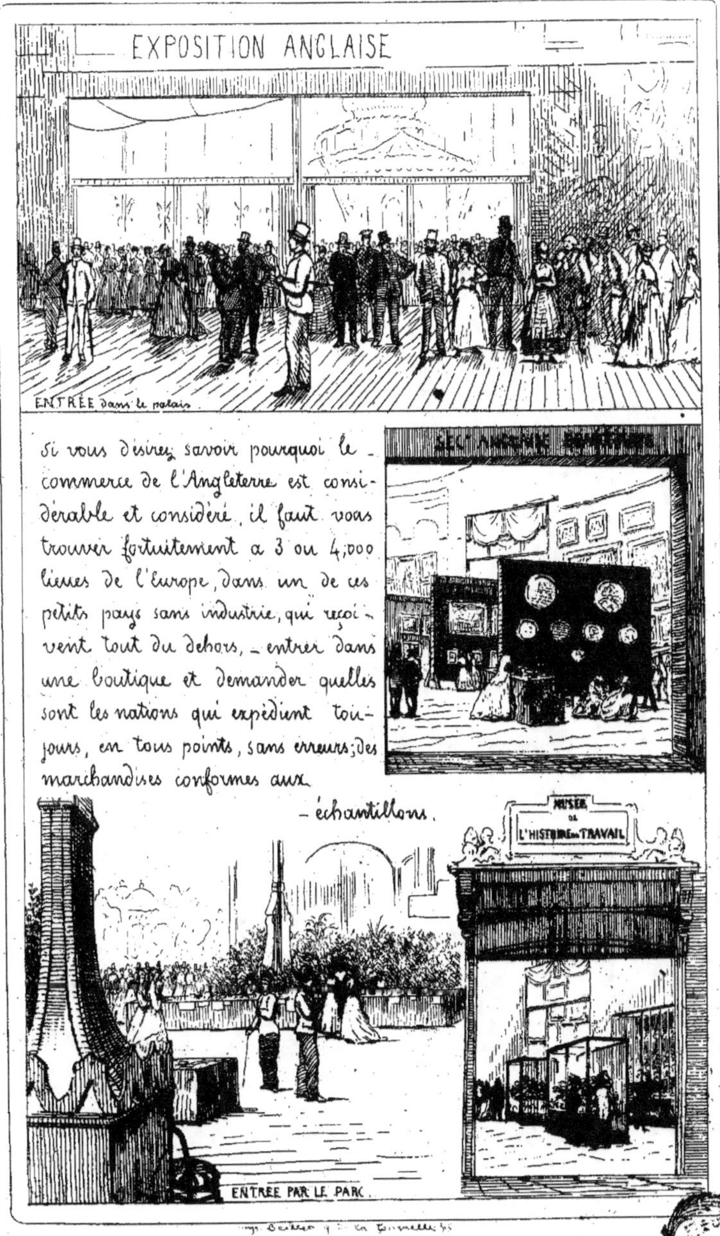

Si vous désirez savoir pourquoi le commerce de l'Angleterre est considérable et considéré, il faut vous trouver fortuitement à 3 ou 4,000 lieues de l'Europe, dans un de ces petits pays sans industrie, qui reçoivent tout du dehors, — entrer dans une boutique et demander quelles sont les nations qui expédient toujours, en tous points, sans erreurs; des marchandises conformes aux — échantillons.

La France occupe une large tranche du palais et du parc, on y est
suffisamment étouffé, ce qui prouve qu'elle n'a pas trop pris. — Citer
la section des beaux-arts, les gobelins, Sèvres, les meubles, l'orfèvrerie
la construction des pavillons de toutes sortes, et le reste; c'est déja bien
rebattu; — je me priverai de ce plaisir pour vous rappeler un seul tableau de Daubigny, la vallée d'Optevoz, une gloire du champ-de-mars, —

et revenant à l'universalité de l'exposition: pour vous dire qu'il n'y a qu'
un moyen d'avoir raison de tant de merveilles, retourner au champ-de-
mars, y reretourner! — songez que chaque objet représente un siècle
de patience ou un éclair de génie, — que telle substance infime dont à peine
vous savez l'emploi, évoque un monde inconnu dont la perception
doublerait vos connaissances. —

Mais vous n'êtes pas de
fer! — C'est convenu: —
— laissez cette excuse et prenez place sur un de ces fauteuils!

Des machines, une maison de fermier, un hopital, une école, une boulangerie; — en fait d'objets de luxe — une locomotive... tels sont les envois de l'Amérique, la plus jeune et la plus libre des grandes nations.

La Suisse tient dans le monde la place d'une famille parfaitement digne et honorable dont chacun a pu estimer les services et la valeur. De brave et forte race, qui produit sans crier des enfants comme Haller, Zimmerman et Gessner, la maison principale est trop connue pour qu'on vante l'extrait de Suisse qui figure à Paris. — Disons seulement que tout y est consciencieux, depuis les broderies et les montres jusqu'au café

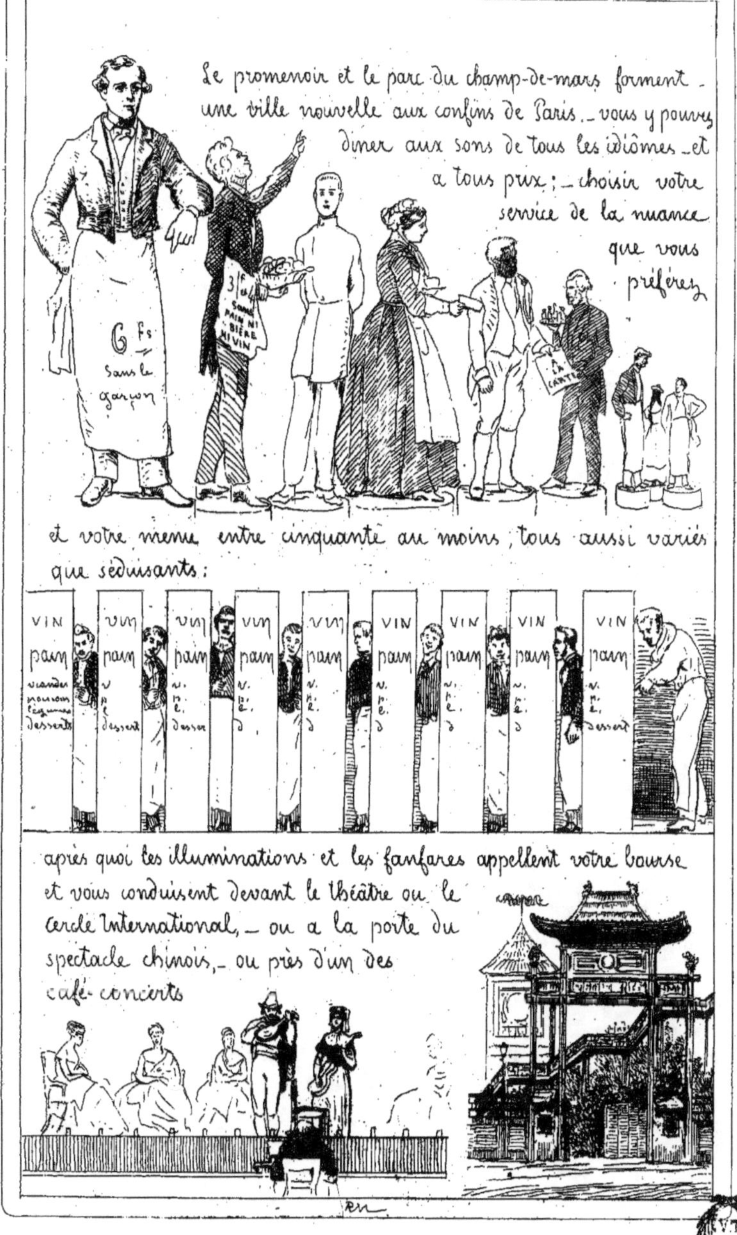
Le promenoir et le parc du champ-de-mars forment une ville nouvelle aux confins de Paris. — vous y pourrez dîner aux sons de tous les idiômes — et à tous prix; — choisir votre service de la nuance que vous préférez
6 fs sans le garçon
3 fs sans pain ni bière ni vin
LA CARTE
et votre menu entre cinquante au moins; tous aussi variés que séduisants:
VIN pain viande mouton légumes desserts
VIN pain V. M. L. dessert
VIN pain V. M. L. dessert
VIN pain V. M. L. D.
VIN pain V. M. L. D.
VIN pain V. M. L. D.
VIN pain V. M. L. dessert
VIN pain V. M. L. D.
VIN pain V. M. L. dessert
après quoi les illuminations et les fanfares appellent votre bourse et vous conduisent devant le théâtre ou le cercle International, — ou a la porte du spectacle chinois, — ou près d'un des café-concerts

L'EGYPTE! Un nom qui fait défiler les siècles, une nation dont l'histoire ancienne est une leçon de sagesse et un modèle d'institutions équitables pour les états et pour les peuples! L'Egypte, a la plus admirable exposition du parc. — Les Parisiens et les artistes doivent des remerciements au roi Ismaïl qui leur a généreusement offert a côté des richesses de son beau pays, quelque chose d'unique et d'inattendu :— un ensemble de constructions splendides, qui, mêlées a celles de la Turquie, — donnent a de certaines heures la note juste, l'écho plein d'accords, du merveilleux Orient !

— Maison du Liban —　TURQUIE　— Mosquée —

— Maison du Liban —　TURQUIE　— Mosquée —

imp. Feillet quai de la Tournelle. 35.

Vous savez ce qu'on appelle dans la marine un gouvernail ou une voile de fortune ? — le mot peut s'appliquer a la collection de voitures attelées qui stationnent aux portes de l'exposition.

Ces appareils dont la destination n'était pas de transporter des notaires victimes d'une admiration trop longtemps écoutée —

peuvent former une classe particulière a coté des produits de l'industrie parisienne; celle des adaptations remarquables ; — leur utilité est d'ailleurs évidente : ceux des cent trente six mille visiteurs du lundi de la pentecôte qui n'ont pu trouver place dans les transports spéciaux, les ont envahis par centaines. — Depuis ce temps engins et coursiers, augmentent chaque jour en genre et en

nombre

EXPOSITION de L'AUTRICHE

À l'exposition industrielle de l'Autriche
les yeux sollicités de tous côtés ne se
fixent sur rien de banal. — Le plus
mince objet de cuivre ou de maroqui-
nerie est ingénieusement embelli par
des formes et des façons du plus char-
mant travail. — Je pourrais vous re-
commander outre les tapis et la menui-
serie de Vienne ; les verreries et les dentelles de Bohême ; les bois,
les chevaux, les vins
de Hongrie ; — le sel et
les fers de la haute
Autriche : —

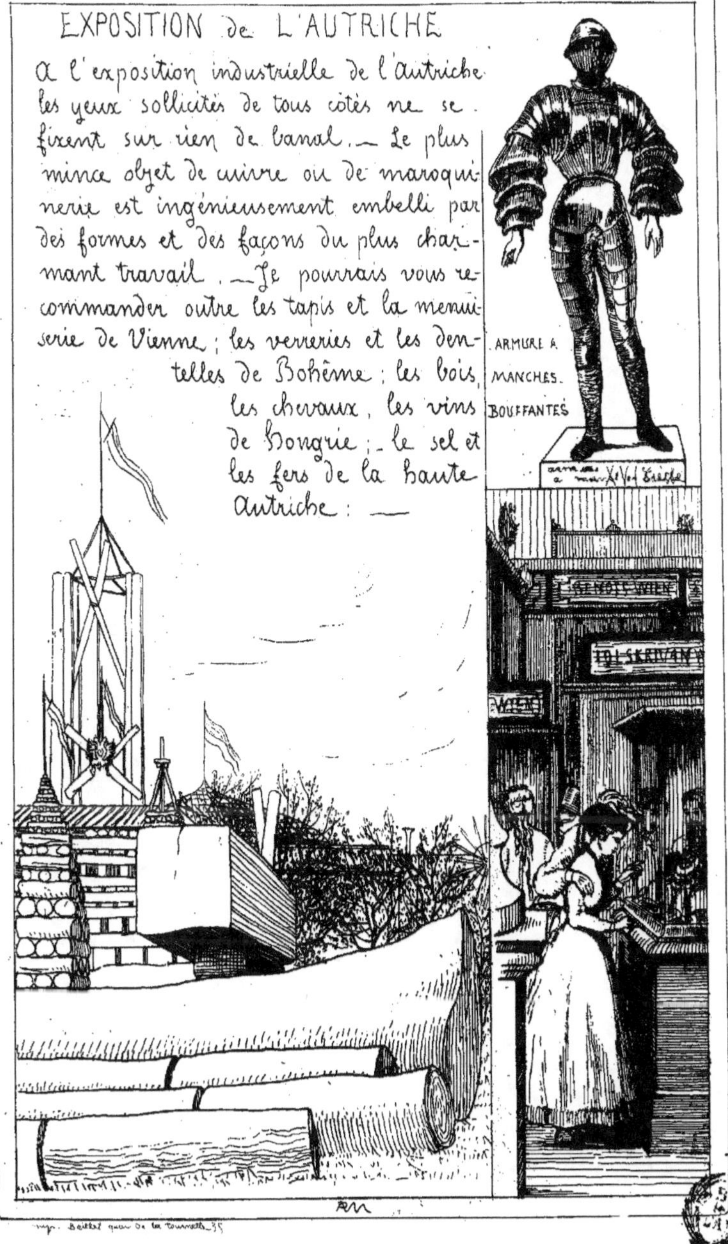

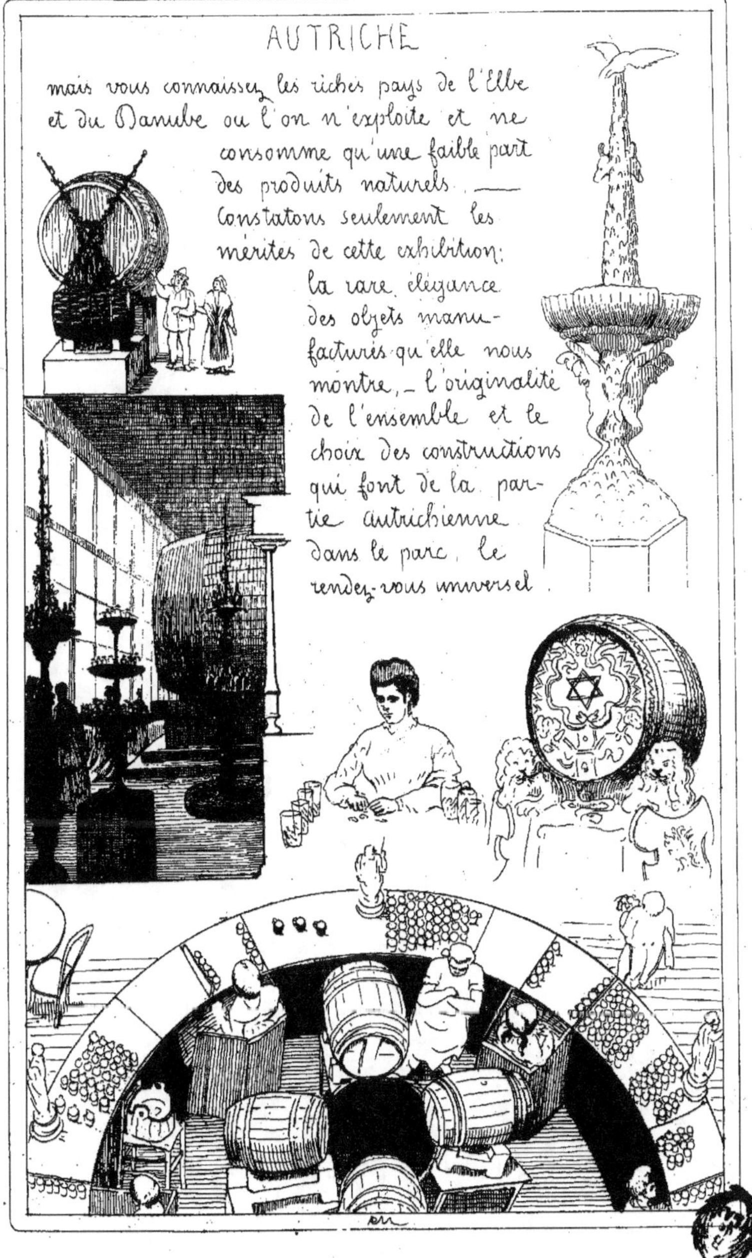
AUTRICHE
mais vous connaissez les riches pays de l'Elbe
et du Danube ou l'on n'exploite et ne
consomme qu'une faible part
des produits naturels. —
Constatons seulement les
mérites de cette exhibition:
la rare élégance
des objets manu-
facturés qu'elle nous
montre, — l'originalité
de l'ensemble et le
choix des constructions
qui font de la par-
tie autrichienne
dans le parc, le
rendez-vous universel.

AUTRICHE
BRASSERIE A DREHER
KLEINSHWECHAT PRES VIE

EXPOSITION PORTUGAISE
Elle supplée a la quantité par la diversité et
le choix des objets. — Son arrangement décoratif
d'un style très remarquable dans la
galerie du palais, se résume d'une façon charmante par
le pavillon des colonies, une des   merveilles du parc.

L'ENTRÉE DU PHARE
L'AQUARIUM
ET LE LAC
LA LUNE
LE PONT D'IENA ET LES EMBARCATIONS de PLAISANCE

Vous imaginiez peut-être que la Russie n'aurait qu'un succès relatif au milieu des étonnants envois de quelques pays peu connus ? — Détrompez-vous : — les produits russes sont très raffinés et d'un excellent choix. — L'écurie, les maisons de paysans, l'agence, les tables, les vitrines faites de sapin découpé à la hache, avec un filet blanc, rouge ou vert sobrement appliqué, particularisent cette exhibition, — mais la simplicité de la matière et l'originalité de la façon ne nuisent pas à la beauté des objets exposés. — Vous applaudirez au goût parfait de ces éléments pour la décoration, lorsque vous connaitrez les mystères du promenoir et le café russe. — un pavillon de bois, de guipures et de glaces, que les femmes les plus délicates ont adopté, pour se faire voir ! — que dire d'aussi concluant ?

EXPOSITION RUSSE
En pénétrant dans cette section, vous serez frappée de la quantité
des matières premières. — Cela n'est pas absolument inconcevable
venant d'un pays qui mesure 3.000 lieues de large. — Vous en pren-
drez votre parti. — Mais en remontant vers les objets de luxe,
vous trouverez des bronzes de prix, une orfèvrerie très fine, des mosaïq-
ues aussi riches que les Vénitiennes, et de bonnes peintures !

ne negligez pas dans
le parc — le
de fer — a
petit chemin
force rotative

CYGNES CANARDS CANES ET CANONS

EXPOSITION PRUSSIENNE

En entrant a Berlin par la porte de
Brandebourg, on rencontre d'abord l'ar-
senal, puis les écoles et les musées.
Cette disposition est répétée par la Pru-
sse au palais de l'industrie, ce qui
prouve que les idées et les gouts ne ch-
angent pas suivant les circonstances.
Reste a savoir si l'Université et les
arts imposent tant d'artillerie, ou si
cette artillerie est une conséquence
de la culture ardente des lettres et des
sciences ??

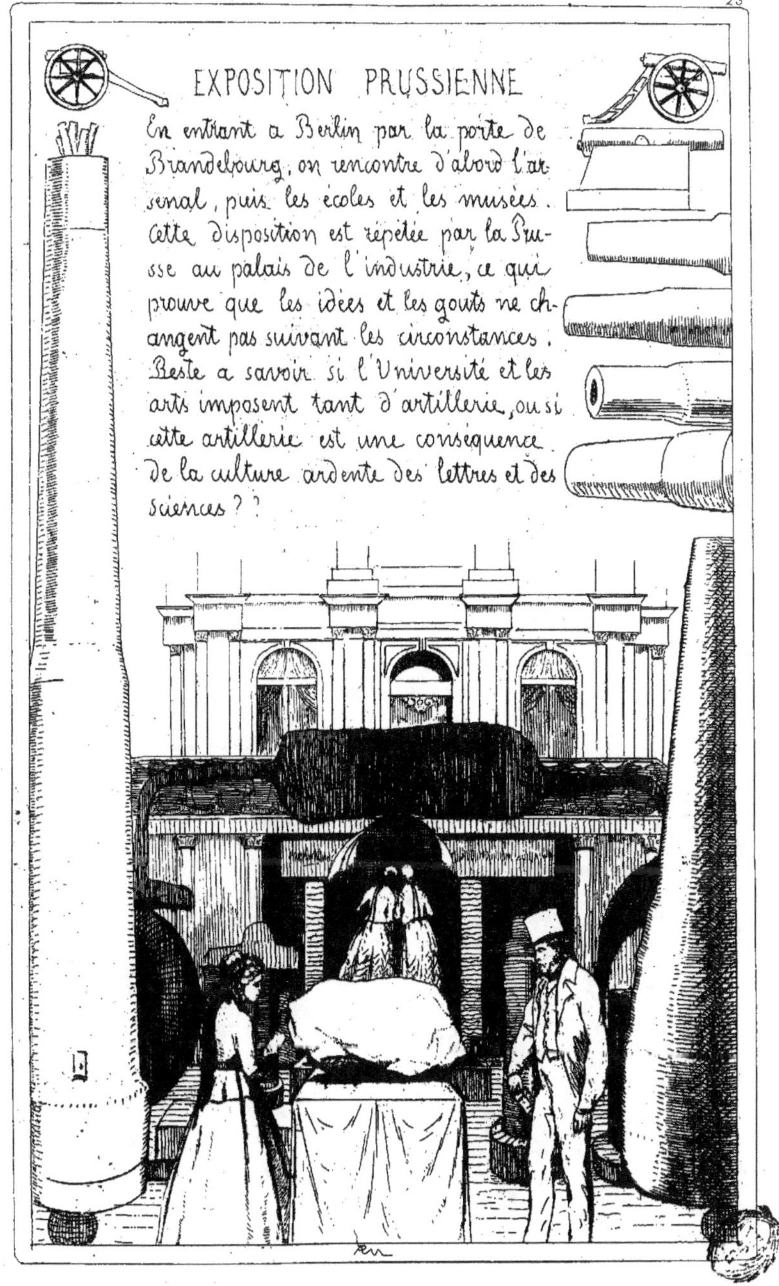

EXPOSITION PRUSSIENNE
ÉCOLE
RM
Tous les points d'interrogations que j'ai pu placer
Devant l'exposition des Prussiens sont revenus désap-
pointés. — Qui résoudra cette question si le peuple le
plus instruit n'en dit rien?

EXPOSITION BELGE

Les galeries de la Belgique sont littéralement bourrées de produits magnifiques ! — Les impressions, les tissus, les draps de Verviers et de Gand ; — les tapis, les porcelaines de Tournai ; — les voitures, les bijoux, les broderies les dentelles et tous les objets de mode et de luxe de Bruxelles. — Les peintures de Clays, Stevens, Leys et Willems ; l'arrangement général dû à des commissaires pleins de goût, font de cette section un lieu de convoitise, qui m'inquiète pour vos économies.

EXPOSITION ESPAGNOLE

Guitares, dentelles de soie, armes superbes; costumes de toreros,
réductions de l'Alhambra! _ L'épée du Cid! _ Souvenirs de ce Mo-
hamed qui paya de sa mort l'excès de son orgueil et de sa fierté!
_ C'est l'histoire poétique de l'Espagne, exposée, non écrite! _ Que
pourraient faire de mieux les Espagnols dans la lutte internatio-
nale; _ se montrer sous ce jour, c'était vaincre et charmer.

armes de l'Espagne, dans la glace sphérique de la ménagère   Rtt

EXPOSITION ITALIENNE

Plus encore que l'Espagne, l'Italie a un passé artistique et industriel dont elle ne peut se séparer. — Elle a bien tardé à nous en montrer des parcelles, mais le moment venu elle s'est secouée et dans la galerie de l'histoire du travail vous trouverez quelques miettes d'une incompara-

ble beauté, des bronzes, des armes principalement, d'une exécution qui dépasse tout ce qui s'est fait aux mêmes époques. — Dans tous les genres: des pièces exquises qui viennent de l'industrie présente et qui ont raison, parce qu'elles ont été choisies avec un soin parfait, et que le point de vue de l'art y règne absolument.

EXPOSITION SUÉDOISE

Les meilleurs fers de l'Europe, de nombreux engins de pêche, le cuivre, l'étain, les sapins taillés, les fourrures, les poissons conservés de toutes manières caractérisent cette exhibition. — Dans un autre ordre, la maison de Gustave Vasa fait honneur à la Suède. Vasa devait sa couronne au peuple, il le rendit heureux; — le peuple a son tour transmit aux enfants son culte pour le souverain, et, après 350 ans, l'occasion s'offrant de montrer toutes les richesses et toutes les reliques: les Suédois présentent d'abord

— l'habitation du prince tant aimé!

EXPOSITION HOLLANDAISE
genus summæ solertiæ

FERME HOLLANDAISE.
HOLLANDE
AQUARIUM
MARIN

Paris en 1867 — Le champ de mars p. 27

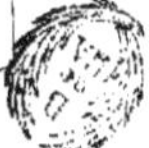

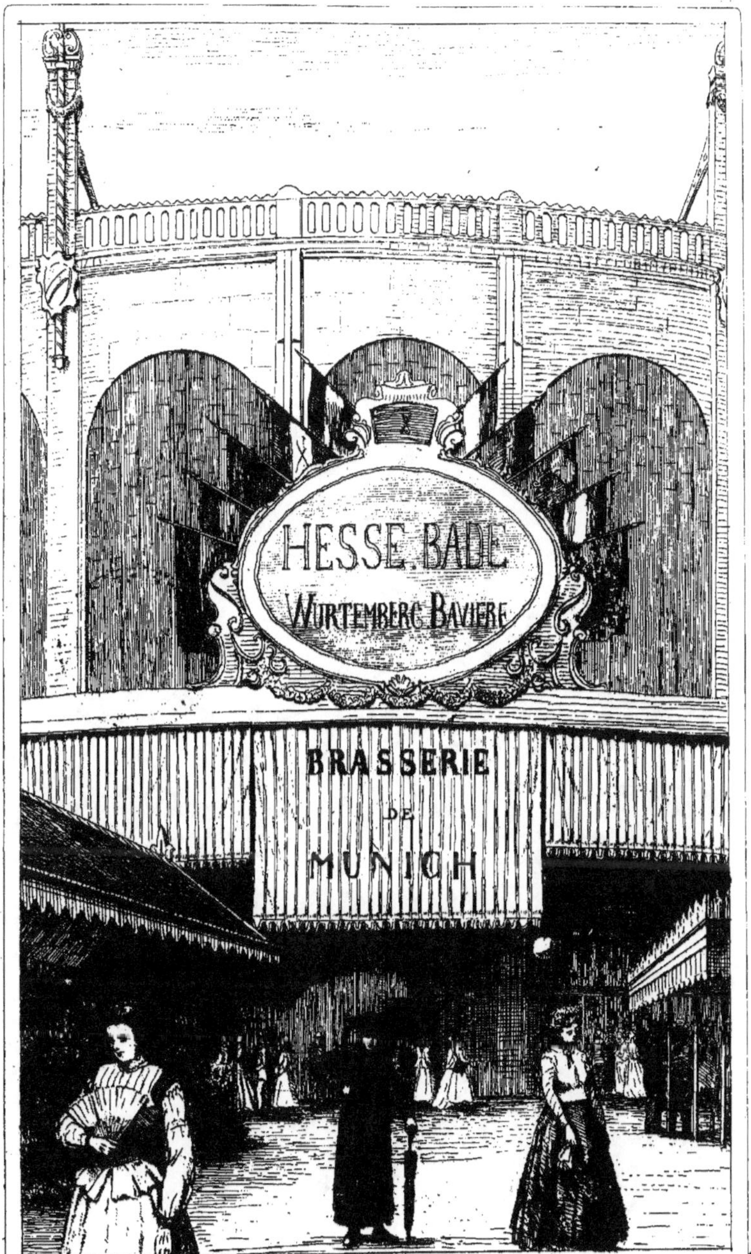
HESSE . BADE
WURTEMBERG . BAVIERE
BRASSERIE
DE
MUNICH

Jardin
TILIA
AGER
PORTE DE L'ÉCOLE MILITAIRE
Jardin
PM

Avec l'Italie, — dans les États-Pontificaux, se
trouve (le météorographe) qui trace à la fois
la direction du vent et sa vitesse ; l'heure de la pluie, la
température des corps exposés au soleil et les variations du baromètre
— Plus loin, vous remarquerez les beaux costumes de la section Grecque
— Ailleurs, les maisons de bois et les intéressants envois du musée de
Danemark : — Puis en Roumanie : les précieuses antiquités Danubiennes
récemment découvertes ! — Parler maintenant de la Chine, de Siam
et de la Perse serait superflu : on dévore leurs étalages ; l'œil se perd
dans ces richesses ! — Quand au Brésil et aux colonies intertropicales
leurs expositions se composent de produits et d'objets qu'il faudrait voir
dans les pays de provenances : — Si vous ne pouvez y aller, consolez-vous : ces
pays tiennent leur magnificence de la nature, c'est une reine qui fait
bien les choses !

La France n'est représenté que par des miracles ; — c'est entendu : toutefois il est bon de redire en finissant que le palais et le parc du champ-de-mars doivent compter parmi ses plus intelligents ouvrages. — Les étrangers ont rendu toute espèce d'hommages à ceux qui ont exécuté et conçu ces travaux ! — De son côté Paris doit a ses convives cette justice : qu'ils ont largement ouvert leurs trésors a la pensée qui voulait faire de l'exposition de 1867 un enseignement universel et complet. — Le but a été atteint ! — C'est une conclusion qui fait honneur a tous.

PARIS EN 1867 —— LE SALON

a Monsieur G. Henry

Vous savez que le but principal de nos salons annuels est de mettre en lumière les artistes qui se forment dans tous les pays, et de donner satisfaction aux exigences du goût public qui veut que les talents reconnus se soutiennent et progressent. Ces conditions qui ne sauraient être trop louées puisqu'elles donnent des lois égales, un ressort énorme et une société d'élite aux exposants de toutes nations, ont des conséquences fâcheuses pour les talents inégaux. — Ces conséquences ne peuvent être adoucies que par la bienveillance des connaisseurs. — L'esprit et l'équité leur font une obligation de ne pas céder à leur naturel, malicieux et d'être très justes pour les forts, très indulgents pour ceux qui débutent, mais pleins de discrétion et de retenue devant quelques cadres à étiquettes qui mériteraient d'êtres refusés. — Si vous voulez admettre ces principes, et me suivre, je vous citerai les meilleurs ouvrages de l'année et les nouveaux noms qui réunissent le plus de suffrages. — D'abord les chefs d'œuvre : — la tête de vieillard de M. Ribot, morceau hors ligne que Rembrandt n'eut point désavoué

A. Martial — Paris en 1864 — le Salon
Supplice des coins — par Mr Ribot.

Le marché D'esclaves, par Mr Gérôme ; dont les deux figures principales, l'acheteur qui examine les dents de la jeune fille, et le marchand, sont le dernier mot de la justesse dans les attitudes et les physionomies. — La Zingara de Mr Hébert ; fine, ardente, superbe sur un fonds d'arbre en fleurs. — Le retour des champs, par Mr Jules Breton ; d'un style exquis. — Le supplice des coins, dont je vous adresse une reproduction ; peinture de maître qui affaibli tout, autour d'elle. — La Jeanne d'Arc allant au supplice ; par Mr Patrois ; très beau tableau. — La Byblis changée en source ; de Mr Henner. — Le corps de garde au XVIIème siècle ; de Mr C. Comte. — Les paysans des Vosges fuyant l'invasion ; par Mr Brion. — Le chariot abandonné ; de Mr Schreyer. — Ribéra dessinant ; par Mr Bonnat. — Un épisode de la Saint-Barthélemy ; de Mr E. Isabey. — Ensuite les toiles de MM. Otto-Weber, Fromentin, Meissonier, Knauss, Meyerhem, Dejonghe, Ph. Rousseau, Antigna, Smits, Sellier, Saintin, Frère, Laurens, Anker Brown, Chaplin, Faruffini, Schlesinger, Roybet, et de Mme H. Browne — Les portraits de MM. Amaury-Duval, Cabanel, Bouguereau Rob. Fleury Giacomotti, Bracquemont, Lehman, Merle et Mme O'Connell — Les paysages de MM. Daubigny, C. de Cock, Leconte, Lambinet Appian, Harpignies, J. André, Veyrassat, et Mlle Marie Collard.

ne manquez pas
de voir, l'appel
après le pillage
de Mr Vibert; et
le doigt coupé,
par E. Frère —

Sans oublier M. Chintreuil, un excellent paysagiste qui a le mérite d'avoir trouvé une voie nouvelle après J. Dupré, Rousseau, Diaz et Corot.

N' l'effet de lune de M. E. Breton — N' M' M' Riedel, Porcher, Pradelles et Van-Elven.

Encore de bons tableaux par M. M' Luminais, C. Boutibonne, A. Vollon

— Heilbuth, Régnault, Monginot et Cals Deux très belles toiles par M. Tissot M' M' Toulmouche, Robert Fleury, Cabanel, Duval Bouguereau, H. Merle, Sellier, — Giacomotti, M' H. Browne et M' Boulanger

Parmi les peintres d'animaux, vous remarquerez Mrs Brendel, Schenck, Jacques Brissot et Palizzi, qui ont les meilleures toiles. A la sculpture M. Mme Salmson, Weeck, Vercy, Poitevin, Mène, Masson, Guillaume, Félon, qui a exposé une délicieuse figure d'Andromède. M. Charrier, M. Courtet, — M. Carrier-Belleuse, représenté par deux beaux groupes en marbre, le messie, et entre deux amours. M. Carpeaux, l'auteur du pavillon de Flore. —

— M. Cattier, M. Brouillet — M. Cordier, M. Gumery — M. Aizelin, M. Vilain — M. Prémiet, M. Santa Coloma, M. Doublemard qui a deux portraits — superbes, et Mme Bertaux' telle est ma liste.

Voici maintenant les noms des artistes nouveaux que j'ai promis de vous signaler. Avant tous, M. Jacquet pour son admirable portrait de Mlle F. M. et son appel aux armes, excellent tableau, bien arrangé, frais, argenté, très fin. — M. Goupil, pour ses deux toiles, la quêteuse, et la nouvelle. — M. Desbrosses qui suit la même route que M. Chintreuil. — M. Whistler, un second Bonnington. — M. Mrs Barilli, Gros, — Tillier, Sille, — Bischoff, — Simonetti,

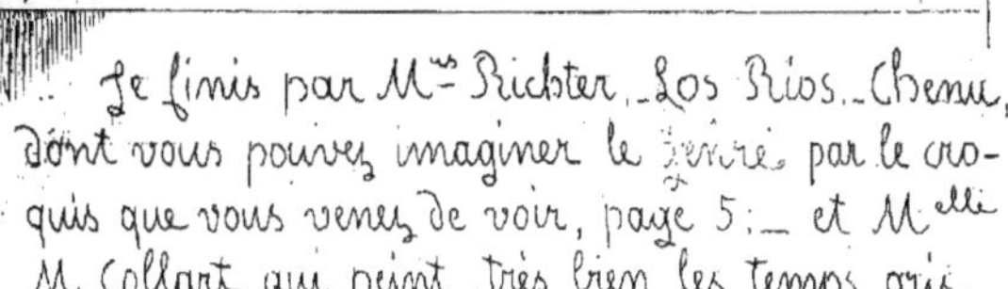

Je finis par M⁻ Richter, _Los Rios, _Chenu, dont vous pouvez imaginer le genre par le croquis que vous venez de voir, page 5 : _ et M⁻ M. Collart qui peint très bien les temps gris.

En dehors des exposants que je viens de nommer et de quelques autres dont les ouvrages ont pu m'échapper, vous remarquerez _ peu d'efforts expressément en vue du salon. _ Les artistes paraissent oublier qu'ils ont là un public spécial, éclairé, profondément observateur, avide de belles conceptions, et à côté, un autre public, curieux, qui demande pourquoi tant de toiles et de statues ? _ Quelle gloire cependant pour toutes les écoles réunies, si les connaisseurs pouvaient répondre à ceux qui questionnent : _ la mission sociale des beaux-arts est d'élever le goût, l'esprit et les sens, _ souvent le cœur et l'âme ; _ c'est lisiblement écrit dans les cadres et sur les piédestaux de nos salons annuels !

M⁻ Brion

LE
QUINSE AOUT

Paris en 1867 — Le bois de Boulogne —
un jour de revue

BOIS DE BOULOGNE (grande...

SPECTACLES
ACADÉMIE IMPÉRIALE DE MUSIQUE
100me REP.
L'AFRICAINE
THÉATRE LYRIQUE IMPÉRIAL
ROMÉO ET JULIETTE
DEMAIN FAUST
THÉATRE IMPÉRIAL DE L'OPÉRA COMIQUE
LE VOYAGE EN CHINE
MIGNON
VAUDEVILLE
LA FAMILLE BENOITON
THÉATRE DE L'AMBIGU COMIQUE
LE JUIF
GAITÉ
PEAU D'ANE
GYMNASE
LES IDÉES DE Mme AUBRAY
CIRQUE NAPOLÉON
LES JAPONAIS ÉQUILIBRISTES
TROUPE DU TAÏCOUM
CIRQUE DE L'IMPÉRATRICE
RENTRÉE DE LÉOTARD
THÉATRE FRANCAIS
LE LION AMOUREUX
TORTONI
Bd DES ITALIENS   CAFÉ TORTONI   ODEON
BOULEVART MONTMARTRE Thre DU VARIÉTÉS
THÉATRE DES VARIÉTÉS
LA GRANDE DUCHESSE DE GEROLSTEIN
PORTE SAINT MARTIN
LA BICHE AU BOIS
CHATELET
CENDRILLON
FOLIES-DRAMATIQUES
LES CANOTIERS DE LA SEINE
BEAUMARCHAIS
REPRISE TRENTE ANS
LES BEAUX MESSIEURS DE BOIS-DORE
THÉATRE DU PRINCE IMPÉRIAL
CIRQUE AMÉRICAIN
FOLIES-MARIGNY
BU QUI S'AVANCE
FANTAISIES-PARISIENNES
LE NOUVEAU SEIGNEUR DE VILLAGE
ELDORADO
CHAMPS ELYSÉES
CONCERTS BESSELIEVRE
ALCAZAR
PALAIS DE L'INDUSTRIE
FESTIVAL 10,000 EXECUTANTS
JARDIN MABILLE BAL

L'architecture parisienne actuelle n'a pas ses contours ni ses profondeurs qui font si bien sur les grandes places et les grands horizons; elle manque de profils! Elle ressemble à quelques jeunes femmes, ses payses, qui vivent enfermées, rachetant par mille élégances la santé, ce don du ciel, de la famille et de l'hygiène, qui leur fait défaut; se réjouissant toutefois de leurs formes grêles, parce qu'elles laissent plus de place aux ornements, à l'artifice et aux dépenses! La façade de l'église de la Trinité —

et celle de l'Opéra, livrées cette année, sont les plus remarquables spécimens de cette architecture. Dans la façade de l'Opéra: la disposition du grand ordre en pierres blanches, la magnificence de l'attique, les échappées sur les pavillons latéraux, sont unanimement admirées! — On critique, sa petite dimension relativement aux masses qu'elle précède, — les lettres d'enseignes qui la constellent, — la frise et les bustes en cuivre qui la rapetissent. — Les bustes surtout, tirent l'œil, dans leurs trous noirs et provoquent des conférences! ..... Trop haut pour être reconnu; le buste n'est plus qu'une tête et un morceau de poitrine sur un tout petit socle; trop grotesque pour orner, trop informe pour être grandi; — indigne d'une façade qui se respecte etc. etc —

Dans un édifice comme l'Opéra, la façade n'est pas tout : — l'attention qu'on lui accorde aujourd'hui forcément, se portera plus tard sur le
monument tout entier ; ce sera juste ! — Ce qu'on entrevoit dès à présent,
c'est que l'œuvre est grande et bien comprise, cela compense bien des
choses.

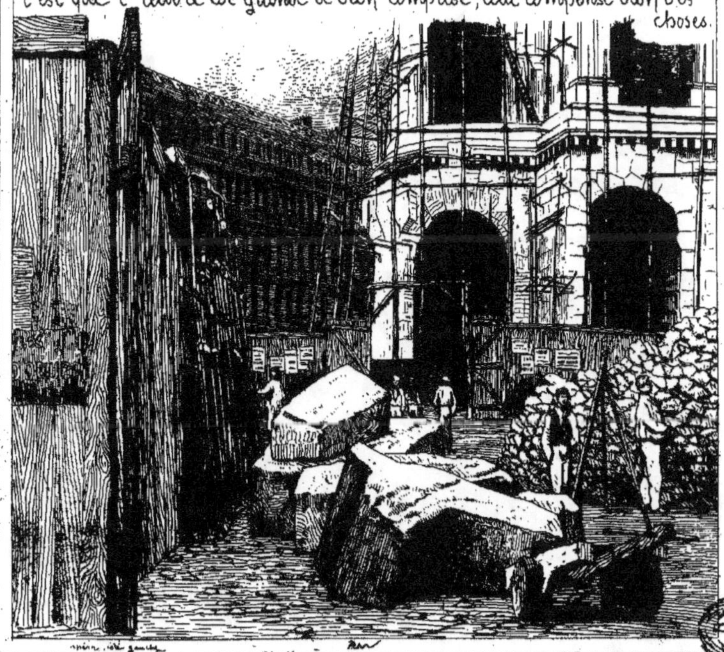

L'OPÉRA (Septembre 1867)

(à Mr Abel Lemercier)

LA MAISON DORÉE, LA BOURSE, LE PAVILLON DE HANOVRE, — LE BOULEVART DES ITALIENS !

Faites cette énumération de conducteur d'omnibus, devant un Parisien que l'exil ou les nécessités de la vie retiennent loin du pays natal, vous lui donnerez l'émotion du villageois rêvant de son clocher ; — il reverra le spectacle que nous contemplons chaque jour sur la bande d'asphalte — atôme terrestre adopté par la mode — située entre la Madeleine et les Variétés, — Je me garderai bien de ne pas le décrire ! — La soie et le coton, la dentelle et la poussière, le velours et la boue, s'y frottent constamment ; on y voit le milieu, le mieux et le pire du monde social ! On y parle toutes les langues ! — Il n'est pas rare d'y surprendre un roman, un drame, un crime, une idylle ; d'y rencontrer des musiques, des noces, des ivrognes, des fleurs et des enterrements ! — Les tableaux y abondent : — une vierge entre un cosaque et un jocrisse, — un haillon devant un diamant ! — C'est une fête perpétuelle... C'est le cœur de Paris vivant et palpitant ! — A ce titre c'est mieux qu'un clocher ! — (je ne serai pas long, j'ai un cabriolet) — Paris doit être l'orgueil et la folie de la France ! Si l'on venait à le traverser d'une voie de deux cents mètres de large, avec chemin de fer, passerelles, boutiques, fontaines repos, ombrages ; quelque chose qui allât au devant des désirs les plus complexes pour le confortable des piétons des voitures et du commerce et, qui n'eût d'équivalent dans aucune ville ; — on abandonnerait peut-être notre ancien boulevart.....

Si nous n'en sommes pas là; si les absents n'ont point à craindre; les grands quartiers, rien à perdre, il n'en est pas de même des petits! — Ils manquent de maisons comme celles qui ont valu cette année une médaille à l'Empereur. Le nombre des ouvriers; leurs travaux — leurs soins, aussi indispensables à la grandeur et à la beauté de Paris que ceux des matelots pour la marche d'un voilier, — méritent autant d'attention que le perfectionnement des palais. Multiplier ces maisons serait faire son devoir de capitale intelligente. — Ce serait aussi d'une bonne politique, — la vraie fin de la politique n'est-elle pas de rendre la vie commode et tout le monde heureux. (Je finis, — mon cocher doit s'impatienter.) A. Martial Potémont 1867